Alianza Cien
pone al alcance de todos
las mejores obras de la literatura
y el pensamiento universales
en condiciones óptimas de calidad y precio
e incita al lector
al conocimiento más completo de un autor,
invitándole a aprovechar
los escasos momentos de ocio
creados por las nuevas formas de vida.

Alianza Cien
es un reto y una ambiciosa iniciativa cultural

TEXTOS COMPLETOS

IMPRESO EN PAPEL ECOLÓGICO
(EXENTO DE CLORO)

Juan Benet

Sub rosa

Francesc Aosiw. València. Nov. 1994

Alianza Editorial

Diseño de cubierta: Ángel Uriarte

© Herederos de Juan Benet
© Alianza Editorial, S. A. Madrid, 1994
Calle J. I. Luca de Tena, 15, 28027 Madrid; teléf. 741 66 00
ISBN: 84-206-4641-5
Depósito legal: B. 29.570-1994
Impreso en Novoprint, S. A.
Printed in Spain

I

Las circunstancias que rodearon el último viaje del *Garray,* conduciéndole al naufragio y, en último término, al procesamiento criminal de su capitán, don Valentín de Basterra, son todavía de sobra conocidas del público para ser repetidas en toda su extensión y detalle.

La curiosidad y ansiedad que despertaron tan trágicos sucesos no sólo quedaron satisfechas con el esclarecimiento de los mismos durante la vista del proceso —del que en su día se ocuparon, con copiosas y pormenorizadas informaciones, todos los diarios de la nación— sino también con la sentencia que recayó sobre el único encausado y que por su propio rigor, unido al aura de misterio y sacrificio que envolvía a aquel hombre enigmático, llegó a crear un estado de opinión tan clamoroso que movió a la Corte —más atenta en aquel momento a la sedición política que a un demasiado estricto cumplimiento del código— a conceder un indulto que la capa más culta y dubitativa de la sociedad, salvo contadas excepciones, recibió con alivio. A decir verdad, el caso llegó a crear en ciertos ámbitos un problema de conciencia que empezaba allí donde terminaba la capacidad del aparato judicial para lograr una satisfactoria verificación: y no de los hechos que —de manera incontrovertible— se demostró que constituían materia de delito sino de las intenciones y móviles que los provocaron y cuya investigación resultó poco menos que imposible tanto a causa del escaso número de testigos y testimonios cuanto por la reluctancia del encartado —tras la aceptación y confesión sumarias de su culpa— a explicar las raíces de su conducta. Como en parecidas ocasiones, los más penetrantes aprenderían con ello una sempiterna y siempre olvidada lección: que la verdad es una categoría que se suspende mientras se vive, que muere con lo muerto y nunca resurge del pasado; y que por lo mismo que su resurrección no es posible se espera siempre su advenimiento, porque la verdad puede ser no una cifra ni un hecho ni una abstracción, sino algo que vive pero no se manifiesta. Y por eso algunos detalles...

La triste popularidad que un día despertara el capitán Basterra había de etiolarse en cuanto las puertas del penal de Santa María se clausuraran tras él, con una sentencia capital sobre sus espaldas. A partir de aquel momento bien puede decirse que desapareció y dejó de existir como parte integrante de la sociedad; encerrado tras los muros del penal hasta el recuerdo de un nombre, perdida toda posibilidad de convertirse en un símbolo o una alegoría, había de quedar borrado por un indulto que liberándolo del garrote lo abstraería del mundo de los vivos para reducirlo a poco más que un servicio penitenciario y un registro en los libros del establecimiento.

Con la misma rapidez con que había entrado en la conciencia del ciudadano, salió de ella sin dejar la menor reserva ni duda, ni el más residual interés por su persona, gracias a la completa satisfacción que había de procurar el perdón real. Tan borrado como una noticia pasada o una deuda amortizada, nada tiene por consiguiente de extraño que la noticia del fallecimiento de un hombre que veinte meses atrás había acaparado la atención del país, no saltase a las columnas del periódico local.

Así pues, con excepción de los funcionarios del establecimiento penal y los pocos familiares que dejara el difunto, nadie había de enterarse que el un día famoso oficial finalizaba sus días en la celda —menos de dos años después de ser pronunciada la sentencia—, en un acelerado proceso de diselpidia.

Sin embargo, no faltaron personas, relacionadas al parecer con el partido liberal, que tras la obtención del indulto vieron en su caso suficientes puntos oscuros como para utilizarlo con fines políticos. Aprovechando el concurso de voces amigas que en su día habían gozado de toda su confianza, fueron varios los intentos que se hicieron cerca del capitán para que firmara la solicitud de revisión de su proceso. Ni que decir tiene que tales iniciativas sólo secundariamente estaban informadas por un interés en la suerte personal de un hombre que, sufrido y experimentado, sensible como pocos para adivinar los verdaderos móviles de unas presuntas pruebas de solidaridad y unos deseos de rehabilitación, solamente sabría ver en todo ello, con dolor y desprecio, una nueva demostración —por más encubierta, más lacerante— de la incomprensión que le rodeara.

En todo momento, Valentín de Basterra rehusó prestarse a tales maniobras. Tras haber cancelado, el día de la sentencia, el poder general para pleitos que otorgara a sus abogados, nadie sino él —a no ser un fiscal que no demostraría la menor voluntad para ello— gozaba de capacidad jurídica para tramitar las formalidades de la revisión. A todos los que acudían a visitarle en su reclusión los despachaba con prontitud, sin hacer la menor concesión o promesa, indiferente a un asunto que para él ya estaba concluido y resuelto, sordo a todas las sugerencias, incapaz de contemplar las perspectivas de su rehabilitación y tan intransigente a un cambio respecto a la decisión que había tomado que más de uno habría de salir con la sensación de inferioridad jerárquica que provocaba aquel hombre que, del otro lado del locutorio, conservaba la arrogancia que había mantenido siempre en el puente.

Ni siquiera habían de moverle un ápice las súplicas de una hija que, casada y residente en Gijón, se había de trasladar al Puerto (ciertamente también había hecho el viaje a Cádiz, seis meses antes, para asistir a la vista del proceso) a fin de persuadirle a aceptar las iniciativas de quienes sólo querían favorecerle y tan desinteresadamente habían abrazado su causa. Ya que no por él —le vino a decir—, debía hacerlo por el buen nombre de su familia, por la memoria de su difunta madre y por el porvenir de unos nietos que para siempre habrían de llevar, si él no lo impedía, un nombre cargado de ignominia. Apenas le replicó; pero en su mutismo pudo adivinar la negativa a cumplir con aquel segundo sacrificio que nadie

—ni su hija, ni sus nietos, ni la memoria de los seres queridos o el buen nombre de los homónimos— tenía derecho a exigirle. Su decisión estaba tomada —le vino a decir— y nada le podía producir más enojo e incomodidades que los intentos de arrebatarle con insidiosas promesas la paz que había adquirido con la aceptación de la sentencia. Parece ser que en una de sus postreras visitas llegó a tener un acceso de cólera en el momento en que, antes de retirarse, llegaron a sus oídos las palabras de su antiguo abogado, aconsejando a su hija paciencia y perseverancia, palabras que fueron cortadas por una orden violenta y estentórea a fin de detenerles en el centro de la estancia y obligarles a escuchar su última voluntad: «¿Acaso cree usted que por estar sujeto a la disciplina de este lugar voy a prestarme indefinidamente a sus caprichos? No les atenderé en lo sucesivo; no acudiré aquí mientras no reciba por escrito la seguridad de que renuncian a los buenos oficios de su misericordia.»

Tras escuchar el dictamen del médico de la prisión, en el sentido de que sus desvelos no aportaban ningún bien a la salud de su padre, patológicamente receloso respecto a todas las iniciativas que buscaran una mejora o alteración de su suerte, su hija volvió a Gijón sin haber obtenido otra cosa que su consentimiento, ante la promesa de la administración, a un posible traslado a los penales de Santoña o San Carlos, a fin de tenerlo más cerca y hacer más frecuentes y económicas las visitas de su único pariente. A los pocos meses había de recibir una carta del mismo facultativo informándole que su padre padecía una desesperanza maligna, tan crítica que ni siquiera respondía a un casi clandestino tratamiento de estimulantes que, sin conocimiento por su parte, le estaba aplicando a fin de liberarle en lo posible de su cada día más acusado abatimiento. Aunque la carta no dejaba prever la inminencia de su fin, el tono en que estaba escrita —con detalles muy precisos acerca de su pasividad y atonía, su absoluto desinterés por todo, su total carencia de apetito de vivir— parecía insinuar que el cuerpo de su padre se había embarcado en un viaje irreversible. Ciertas dificultades domésticas —y las económicas no eran las menores— le impidieron hacer un viaje que día a día se veía postergado por las promesas de la administración de llevar a cabo el traslado del recluso a un establecimiento del norte. Y cuando decepcionada por la lentitud de la máquina administrativa y la insustancialidad de las promesas impartidas por los responsables del penal, se decidió a visitar de nuevo a su padre, acuciada por el temor de no volver a verle, le llegó en un despacho oficial la noticia de su fallecimiento de muerte natural, ocurrida en la celda, como colofón del largo e inexorable proceso de desesperanza que había hecho presa en el cuerpo del recluso.

Si Valentín de Basterra se llevó a la tumba las secretas motivaciones de una conducta bastante inexplicable —y que sólo bajo el marchamo de la locura fueron tímidamente expuestas y demostradas por la defensa como atenuantes del crimen—, en cambio algunos y muy importantes extremos relativos al viaje del *Garray* solamente después de su muerte habían de ser esclarecidos o, mejor dicho, complementados con dispersas revelaciones que —habiendo muerto o desaparecido, algunos también tras los muros de los penales del Estado, casi todos los protagonistas de la tragedia— tan sólo tendrían interés ya para la pequeña crónica negra, para los buscadores de noticias de almanaque o para los eternos insatisfechos con los procedimientos de la justicia. Si el conocimiento de tales detalles no llegó hasta el dominio público, el hecho se debió sin duda a que ya no cabía encontrar en ellos materia para el escándalo; por el contrario, la ampliación del conocimiento de los sucesos con fuentes y detalles desconocidos en el proceso vino a poner de manifiesto el riguroso e irreprochable proceder de un Tribunal que, basándose sobre todo en el testimonio de un hombre convicto y confeso de otros crímenes que nada tenían que ver con la causa, aceptó y demostró la culpabilidad de aquel sobre quien, a la vista de los hechos entonces probados, recaía toda la responsabilidad de la tragedia. No cabía poner en duda que en el último acto de esa tragedia el barco ya no se hallaba bajo su mando; toda la documentación —la de mejor crédito que cabía obtener, a falta de los papeles del barco y del testimonio de aquellos que promovieron la suspensión de su mando— venía a demostrar que la deposición se había hecho con arreglo al código y las regulaciones propias de la firma propietaria del barco y si los hechos promovidos por el capitán Basterra, que habían de desembocar en la tragedia, obedecían al intento de restablecer una disciplina y una jerarquía, ante la insubordinación de una tripulación que le juzgó incompetente para el mando y exigió su relevo en la forma prescrita, ¿qué nueva luz podía arrojar un suceso que el más interesado en ponerlo en claro poco menos que había pasado por alto? Al no haber sido acusado de sedición por falta de pruebas concluyentes, ¿a quién podía beneficiar una nueva culpabilidad —excepto al más que dudoso y abstracto prurito de esclarecimiento de la verdad— si aquel que la había aceptado en su totalidad no había podido o querido hacer uso de ella para mitigar la suya propia?

Por muy incomprensible que pareciese la conducta de aquel hombre, a aquellos compañeros que le habían tratado o conocido, que habían servido bajo sus órdenes o simplemente habían hecho suya la causa de su defensa y su buen nombre, mucho más lo habría de parecer al curioso investigador provisto de la paciencia necesaria para reunir y ordenar las aportaciones con que el reflujo del tiempo y las sucesivas desapariciones enriquecen y oscurecen el conocimiento de un hecho casi inextricable. Las muertes son también naufragios, que dejan sueltos pequeños residuos insumergibles en el olvido y que liberados de aquel destino único empecinado en la supervivencia arriban al litoral como testimonio de un secreto que ya apenas despierta interés. Años después de la muerte del capitán Basterra un armador de La Habana completará su testamento con un codicilo estipulando una manda para beneficio de su más próximo sucesor; un miembro de la tripulación del *Garray* escribe una casi ininteligible y fantástica relación del viaje que el correo deposita en el consulado español de Veracruz; un sacerdote de la provincia de Oriente afirma haber recibido en secreto de confesión la verdadera historia de la tragedia que demuestra la verdadera naturaleza del capitán... que uno o dos años después es desmentida por las últimas palabras de un borracho que amanece en El Malecón para cerrar su delirio con el relato de sus culpas... y de tiempo en tiempo, y con frecuencia decreciente, van surgiendo los contradictorios vestigios de un suceso que carecerá para siempre de verdad, de la misma manera que un portento no presentará nunca el mismo cariz a los diversos testigos que lo presenciaron, hasta que el olvido y el desinterés se cierran definitivamente sobre él, como las aguas del Atlántico —su atención despierta instantáneamente por la indefensa víctima que con su imprudencia ha venido a interrumpir su sueño— se soldaron y cerraron de nuevo sobre el remolino de espuma negra donde desapareció el casco del *Garray*.

A los pocos meses de ocurrida, la tragedia estaba tan olvidada que tampoco aquellas confesiones de última hora —insuficientes para rellenar el vacío de una columna escasa de sucesos— volverían a despertar el interés por uno de tantos misterios de la mar. La verdad acerca de él ya no podría nunca establecerse, extricándola de una maraña de relaciones confusas, contradictorias e inverificables, envueltas por el silencio del protagonista. Aparte del afán de rehabilitar su nombre ya no existía el móvil para una labor que a nadie reportaría el menor beneficio. Y el anónimo descendiente, empeñado en averiguar los móviles de la conducta de su antepasado, o simplemente el curioso investigador atraído por las fragosidades del enigma, no acudirían a la cita con que el silencioso y esquinado capitán Basterra les emplazara, una vez aplacados los ánimos y disipada la turbulencia del caso. Se podría afirmar que su propósito de ocultación obedecía a algo más que al abatimiento sufrido por una persona que al final de su carrera se enfrentaba con una ignominia sin paliativos. Pero durante el juicio demostró tal entereza y tesón —nada propios de un hombre vencido y abochornado por su falta, intimidado por su suerte y temeroso del castigo— que bien puede suponerse que de haber elegido la palabra, en lugar del silencio, habrían cambiado algunas cosas. De ahí que muchos abrazaran la teoría de su propio sacrificio, en evitación de mayores males, como cabeza de turco para encubrir a cambio del indulto la responsabilidad de otro u otros personajes que para evitar el escándalo tuvieron que recurrir al testimonio de otro hombre castigado por la ley; o para comprar su silencio con el silencio de la justicia respecto a pasados delitos toda vez que en una carrera como la de Basterra, después de casi cuarenta años de navegación por unos mares donde todavía era frecuente la piratería, donde el delito era el hábito de los más y la ley de la fuerza una necesidad para la supervivencia, era más que probable que su hoja de servicios no estuviera exenta de posibles inculpaciones que de ser expuestas y probadas constituyeran materia bastante para enviarle si no al patíbulo sí al menos a presidio por un plazo suficiente como para evangelizar a un canónigo. Habida cuenta de que la mitad de esos años no había tenido, como capitán, que dar cuenta de sus actos más que a unos armadores más que satisfechos de que al término de cada viaje se cumplieran los términos del contrato y de que en numerosas ocasiones —que incluían sin duda negocios de trata— había navegado en su doble condición de capitán y consocio en los fletes, se comprenderá en parte la voluntad de silencio de un hombre enfrentado a un tribunal en cuyo poder obraba el conocimiento de muchas cosas pasadas que si bien nunca habían salido a la luz pública no por eso dejarían de ser manipuladas en contra suya. Sin duda que eso no lo explica todo; en rigor no explica nada, ya que para que existiese un clima dominado por la coacción, debía postularse previamente la existencia de aquellas personas o intereses hacia los que se dirigía esa coacción. El capitán estaba solo, no tenía sino que defenderse a sí mismo y a nadie ni a nada parecía proteger con su culpa. Ésta fue en su día la impresión que dejara sobre los observadores más imparciales que, habiendo sabido ver en él el primer obstáculo para el esclarecimiento de los hechos, un muro ante el que hasta se habría estrellado la acción de la justicia si insatisfecha con su declaración —convicto y confeso de su crimen— hubiera deseado llevar más adelante su investigación desdeñando una culpabilidad hacia la que apuntaron desde el primer instante todas las circunstancias y testimonios, nunca lograron desentrañar la procedencia y la dirección de aquella hipotética coacción que le forzó al silencio. Para los más avisados (los primeros que habían aventurado e incluso asegurado la existencia de un misterio —fundamentado en la necesidad por parte de la Ley de recurrir a los testimonios de hombres fuera de la ley— y de una u otra forma habían de reconocer finalmente el sentimiento de decepción que les deparaba la imposibilidad de llegar al fondo del mismo) no hubo otra coacción que la engendrada en el espíritu del propio capitán, demasiado orgulloso como para adoptar ante el Tribunal una actitud distinta de la solemne y silenciosa admisión de su participación en un crimen que no sólo cometió con todas las agravantes, sino que siempre consideró como única solución (no justa ni conveniente ni forzada por su temperamento ni elegida en un momento de pasajera demencia, tan sólo única) para cualquier hombre colocado en sus circunstancias. Por consiguiente, el misterio se reducía a saber cuáles eran aquellas circunstancias que sólo él —tampoco los testigos que prestaron su declaración, algunos transportados de otro penal y custodiados por la fuerza pública, las conocían— podía aclarar. Tan sólo se vino a decir, como es costumbre, que a bordo las cosas presentan siempre otro cariz y así lo insinuó —sin verdadera y vehemente convicción— la defensa. Desde el momento en que hizo su entrada en la sala y se sentó en el banquillo, humillado ante un Tribunal que le observaba desde tamaña altura —exactamente en la posición inversa a la que él había llevado durante muchos años de vida a bordo—, quedó de manifiesto que no expondría sus razones; razones que posiblemente no tenían entrada en el código ni en la religión porque el lenguaje del odio, del cual no podía sustraerse, no tenía entrada en aquella Sala; porque no estaba dispuesto a abjurar de unas convicciones que nunca podrían comprender los hombres que habían de juzgarle. Y no habiendo avenencia —dijeron los más sagaces— entre su naturaleza y la ley no cabía para él, elevado al solio de su propia dignidad por principios en muchos aspectos antagonistas a los de la sociedad civil, no cabía otra actitud que la aceptación de la culpa recibida como una prueba de fuerza por parte de quien en el último episodio del conflicto había demostrado ser el más poderoso.

Por eso se diría que nunca —pese al juicio— llegó a ver su crimen con arreglo a los mismos cánones que la sociedad. Y de la misma manera que no lo aceptó como tal, admitió en cambio su derrota a manos de un Enemigo con el que, lo sabía de antemano, no cabía dialogar en una sala de justicia. Aceptó la culpa porque él mismo era un justo. No cabían las transacciones y avenencias. Tal vez por eso no pudo escuchar con paciencia a su hija ni nadie logró convencerle de las consecuencias de un empecinamiento que, en el momento de empuñar su pistola, estaba ya resuelto a no transigir. En cuanto a la deshonra, no sabía introducir tal concepto en sus cálculos ni por ende podía calibrar el valor de la legitimación, de la misma manera que habría desestimado la coacción. Y desde el mismo momento en que tomó asiento en el banquillo —convencido de que no había para él más que una sentencia— aprestó su ánimo al resultado final, dictado también por el único credo que en secreto había profesado toda su vida y que el indulto que llegó de Madrid apenas alteró un ápice.

II

La independencia de los estados americanos que en buena medida apenas modificó, durante la primera mitad del siglo XIX el estado de la cosa privada en lo que se refería a la propiedad y el comercio terrestres tuvo efectos de mucha trascendencia sobre los negocios marítimos, incluso sobre el comercio que se desarrollaría entre las recién nacidas repúblicas y la vieja metrópoli. Mientras que la tierra, en su generalidad, siguió en poder de las mismas manos que la poseyeran y explotaran durante la época colonial, en todos los puertos del Atlántico, del Caribe y del Pacífico pronto empezaron a establecerse con gran profusión armadores ingleses, franceses, holandeses y americanos, ávidos de heredar los antiguos privilegios comerciales de los españoles. Gente avezada en ese trabajo y acostumbrada a la libre competencia, a menudo apoyados por una fuerte organización en su país de origen, eran capaces de ofrecer a los negociantes americanos unas condiciones tan amplias y flexibles que pronto colocaron a muchos de sus colegas españoles en la alternativa de remozarse o abandonar el campo. Como más de una vez ha ocurrido en circunstancias semejantes, los primeros indianos en advertir la magnitud del problema apenas fueron escuchados por sus compatriotas y patrones de ultramar y tras algunos años de vacilaciones, advertencias y llamadas de atención pronto se vieron en la necesidad de romper sus vínculos sociales y contractuales con la metrópoli para establecerse por su cuenta, a menudo con ayuda de capital extranjero, y fundar nuevas sociedades y casas de contratación con arreglo a las ideas que habían recibido de sus competidores.

Tal fue el origen de la firma Douaze & Dapena, S en C, el uno francés de origen, hijo de acomodados terratenientes sorianos el otro, que con su sede social en La Habana en pocos años y gracias a la energía e iniciativas de ambos socios había de llegar a ser una de las casas de contratación más eficaces de todo el Caribe. Su código era bien simple: sus únicos vínculos dignos de respeto eran los comerciales y —exentos de una cierta gazmoñería respecto a la arruinada tradición— no vacilaron en recurrir a los hombres y los barcos mejor preparados para mantener, vigorizar e incrementar aquéllos en el momento en que pasado el torbellino de la independencia y el período de postración comercial del primer cuarto de siglo, el tráfico entre los dos continentes conoció un notable incremento.

En contraste, los que optaron por su fidelidad a los hábitos, métodos, hombres y barcos del tiempo de la férula real no tardaron en verse arrinconados. Nada era más usual en aquellos tiempos que el triste espectáculo de los viejos patrones vagando ociosos por los muelles de La Habana, de Cartagena o de Maracaibo, quejosos de la invasión extranjera y lo bastante dignos o achacosos como para aceptar un puesto de tripulación; o el de aquel que con orgullo había enarbolado la enseña de correo en su palo mayor para a la postre verle, hundiendo la cara en las solapas alzadas de su tabardo, a fin de pasar inadvertido en la abigarrada y heteróclita fila de hombres que espera paciente ante el pupitre del sobrecargo, frente a una goleta americana que amarrada al muelle ha izado en el trinquete la bandera cuadrada y roja; o el del viejo queche, atestado de hombres mal pagados, que necesitando una semana para llevar de las islas al continente una docena de mulas y unos sacos de grano, aún pretende aminorar el rápido curso de un airoso bergantín con un saludo de cortesía que pronto se convierte en un coro de protestas. Para Douaze & Dapena tales casos no pasarían de ser meras reminiscencias hacia las que solamente la misericordia los obligaría a dedicar una menguada bolsa de dinero, sin la menor pretensión de vuelta. Arrinconando los viejos cascos se decidieron por armar tan sólo barcos capaces de cruzar el Atlántico en menos de tres semanas y con preferencia construidos en la costa americana entre Nueva Escocia y Newport; de más de ciento cincuenta toneladas y menos de doscientas cincuenta; equipados con el más moderno y sólido utillaje a fin de ahorrar miembros de tripulación y acortar en lo posible las onerosas estadías. En cuanto a la tripulación, carecían de toda clase de prejuicios, bien dispuestos a contratar gente del oficio, lo mismo americanos, griegos, africanos, kanakas y hasta algún que otro cimarrón; y tal era su énfasis en procurar lo más adecuado —técnica y comercialmente— a cada caso, haciendo oídos sordos a cualesquiera injerencias, que en más de una ocasión se vieron obligados a enmendar una primera decisión sólo para evitar un agravio a una persona de influencia, comprometida con viejas amistades y apegada a usos de otros tiempos.

Pues bien, una carta de piloto de Douaze & Dapena pronto sería considerada en aquellas latitudes como un diploma en el arte de navegación. Las primeras reservas de ciertos capitanes, poco acostumbrados a determinadas limitaciones y exigencias, serían sin tardanza puestas de lado a la vista de las atractivas condiciones y remuneraciones que ofrecía la firma, y aun cuando en los primeros años de su actividad no faltaran los plantes —difíciles de mantener cuando el empresario es capaz de contratar aquí y allá— a partir del momento en que la firma supo demostrar que podía llevar el negocio adelante contra cualquier clase de boicot, apenas tuvo la necesidad de hacer públicas sus ofertas para que acudieran a sus puertas unos hombres bien dispuestos a trabajar para la casa. Por lo general, los patrones de Douaze & Dapena eran hombres jóvenes, de menos de cuarenta años y con más de veinte en el mar, de cualquier nacionalidad. Ya se habían apagado, en aquellas tierras y décadas, hasta los más imperfectos y asordinados ecos del estruendo de la revolución del 89; y si hasta allí habían llegado frases inacabadas, un tropel de adjetivos y parrafadas y arengas, fórmulas que en sí apenas decían nada desprovistas de su necesaria y original fogosidad, por el momento para gobernar un barco, lo mismo que una hacienda, volvía a buscarse al hombre de oficio con cuanto menos espacio para las ideas sobre la sociedad dejasen las convicciones y conocimientos sobre el mando y el mar. Una de las pocas excepciones era el capitán Basterra, un hombre que ambos socios

—que le conocían de antiguo y con el que en ocasiones habían negociado en comandita— buscaron desde el primer momento con cierto ahínco. Se trataba de una excepción, porque cuando lo contrataron frisaba ya los cincuenta años, llevaba más de treinta en el oficio, había cruzado el Atlántico en todo objeto con línea de flotación, había doblado el cabo de Hornos más de una docena de veces —por todos sus pasos y en ambas direcciones, en todas las estaciones del año— y, por encima de todo, contaba con un historial que muy pocos hombres dispuestos a seguir en el puente eran capaces de mejorar.

No era un hombre envanecido ni que se hiciera de rogar; tampoco se le habían de subir los humos porque a lo largo de dos años de travesía por el Pacífico en todos los consulados encontrara un despacho instándole a ponerse en comunicación con una nueva casa de La Habana. A todos ellos contestó escrupulosamente, sin hacer esperar la respuesta, pero dejando bien sentado que se hallaba decidido antes de entrar en cualquier clase de trato a dar cumplida satisfacción a los compromisos que tenía contraídos. Sin duda, era un hombre que sabía aprovechar su carácter grave y su reputación de seriedad para observar con comodidad y sin prisas los ajetreados y a veces quiméricos proyectos de cuantos vivían del negocio. No gustaba de la respuesta pronta ni, por supuesto, jamás denunciaría entusiasmo por una cierta empresa. Aquello que fue tomado por una reservada negativa, aunque se atribuiría más adelante al cansancio y apetito de reposo de un hombre que ya no deseaba sufrir más sobresaltos en la coda de una vida profesional que si bien le había permitido acumular una discreta fortuna invertida en bienes de tierra adentro en treinta años no le había eximido de un solo día de trabajo, se había de demostrar pocos meses más tarde como un rotundo mentís a quienes demasiado prematuramente le habían jubilado. Por la actitud pausada y grave con que hizo su entrada en las oficinas, por la manera humilde con que se dio a conocer y, tras colgar la gorra en la percha, se decidió a esperar sentado en el borde de un estrecho silloncillo de peluche, por el gesto con que observó el suelo, entrelazó sus manos sobre su rodilla y al cabo de un rato, cortando las salutaciones, inquirió: «Díganme, ¿de qué se trata?», ambos socios pudieron colegir que el capitán Basterra, el mismo de siempre, estaba una vez más decidido a cumplir una misión —sin exigir emolumentos o participaciones desmesuradas— como cualquier meritorio oficial elevado al puente, por necesidades que no admitían demora, a falta de una persona más avezada. Y con un trato que en una mañana de febrero, unos días después, quedaría cerrado no sólo le dieron el mando de su mejor barco, un bergantín de unas doscientas toneladas, de construcción inglesa y fletado en sociedad con un americano, sino que le destinaron la oficialidad más diestra y prometedora que pudieron reunir, con el propósito de formar aquellos cuadros que, con dos o tres años en la escuela de Basterra, saldrían más que capacitados para tomar el mando.

Sus métodos eran de sobra conocidos y despertaban una confortable confianza: de entrada exigía de la compañía un poder para llevar a cabo, sin previo aviso a los armadores, cuantas operaciones tuviera a bien ejecutar; firmaba personalmente todos los contratos con sus hombres, se constituía en único responsable ante la ley a la hora de litigar, y dejaba bien claro el principio de que todo convenio quedaría automáticamente rescindido —el hombre con sus bártulos despositado en el primer muelle que tocase el barco— en cuanto a su leal saber y entender el interesado no cumpliese a su satisfacción lo que se interesaba de él. En contraste, hablaba muy poco, dejaba a cada cual en completa libertad, dentro del marco de su jerarquía, para el cumplimiento de sus funciones y solamente asomaba por cubierta para visitas de rutina o en circunstancias que escapaban a la competencia de sus subordinados; pero jamás interfería en sus labores; era ya un hombre lo bastante viejo (y seguro de lo que cabía esperar de cada momento y cada circunstancia) y lo bastante sagaz como para disfrutar con el mando y nada fortificaba tanto su espíritu y su humor como verse acertadamente secundado; no sólo nunca ponía el menor obstáculo a la ascendente carrera de un oficial, sino que con frecuencia —con astucia disimulada con una falsa negligencia— hacía voluntaria dejación de obligaciones propias de su puesto a fin de abrir un portillo libre a las iniciativas de sus segundos. Pero, por lo mismo, en cuanto un desmedido afán de mando, con alguna intemperante intromisión y unas pretensiones que no se conciliaban con la capacidad del individuo en cuestión, trataba de aprovechar su aparente pasividad para adquirir una jerarquía que estaba lejos de merecer, del fondo de su carácter surgía aquel implacable espíritu rapaz que (como el felino que aparentando dormir atrae al gorrión dentro de un dominio que su especie tiene prohibido) saltaba sobre su víctima porque sólo siendo desollada merecía aprender cuál era el orden que había tratado de perturbar y el mando que en vano había desestimado.

En una ocasión, en una travesía a lo largo de la costa chilena, fue lo bastante explícito acerca de sus propias ideas sobre el mando. «El mando, había dicho, no se recibe ni se transmite; se adquiere.» Teniendo a su primero rebajado de servicio a causa de unas fiebres altas y pertinaces, llegó el momento de designar un segundo, elegido por la tripulación y propuesto al capitán según la costumbre de a bordo. Pero un hombre quiso interponerse, un hombre recomendado por sus armadores y que creía gozar de la confianza de ellos, un hombre orgulloso y ávido de distinción, que voluntariamente se había distanciado de sus compañeros a causa de sus pretensiones. Y bien, en aquel momento Basterra calló, ni siquiera le permitió adivinar su pensamiento, y cuando la comisión fue a interesar a su capitán la designación del segundo, Basterra señaló a aquél a despecho y a sabiendas de lo mal recibido que sería un gesto tan impropio. Sabía que no tenía capacidad para aquel puesto y no buscaba otra cosa que demostrarlo con sus propios hechos. No tardaron en producirse las negligencias, los desmanes y la desobediencia en la guardia de babor y no habían transcurrido diez días desde la designación del segundo cuando a raíz de un incidente nocturno, a través del primer oficial le fue comunicada al segundo la decisión del capitán de rebajarle del servicio por toda la duración del contrato, a menos que decidiera rescindirlo y abandonar el barco en la primera escala. No lo hizo así, cobijado en un taciturno despecho y haciendo estopa a regañadientes por el resto de la travesía, pero en el ánimo del capitán Basterra debió quedar grabada la señal de una advertencia —la sospecha de un recelo hacia su propia confianza— que tal vez había de influir en su conducta cuando tiempo después se encontrara frente a unas circunstancias que guardaban con aquélla ciertas similitudes. Porque la imagen de aquel vanidoso y distante segundo se había de proyectar numerosas veces sobre la figura del primer oficial del *Garray,* Ernesto Saint-Izaire.

Lo conoció, y lo tuvo por primera vez a sus órdenes, en una travesía para cargar pieles y madera de construcción en algunos puestos de la península de Labrador, un viaje corto y casi todo él con tiempo bonancible, el tercero o cuarto que realizase para la consignación de Douaze & Dapesa, en una goleta americana de 180 toneladas, rebautizada *Martina Calero* y matriculada en La Habana. Era un joven natural de la isla, sobrino de Douaze en segundo grado y muy apreciado por él; huérfano de padre, había sido educado con esmero; antes de cumplir los veinte años había viajado por Europa y tras residir durante más de un año en la Marsella de Luis Felipe había vuelto a Pointe-à-Pitre enfundado en uno de esos apellidos, Saint-Izaire, de tanto efecto en la vieja colonia. De su estancia en la tierra de sus mayores volvió convertido en un hombre pagado de su porte y seguro de su capacidad para hacer una fortuna en poco tiempo, de talante impenetrable y descontento, cuyo aspecto un tanto delicado ocultaba una notable fortaleza de carácter y de físico, al decir de los que habían convivido con él. Y sobre todo un exagerado laconismo y un humor inmutable —siempre un mismo gesto adusto, como si nada pudiera satisfacerle— constituían su mejor defensa contra un genio desabrido y un hipertrofiado talante crítico. Pero era hombre eficiente —como había de reconocer sin ambages el capitán Basterra— «de los que parecen siempre sobrados de tiempo y, sin aparente esfuerzo, todo lo llevan en orden».

El viaje de vuelta de Terranova y Nueva Escocia no adoleció de otros incidentes que los provocados por una larga sucesión de turbonadas, antes de rebasar los bancos del Sable, que durante dos días y dos noches obligaron a ambas guardias a permanecer sobre cubierta a consecuencia de la orden del capitán —quien atento al barómetro esperaba en todo momento vientos más fuertes—, decidido a seguir navegando de bolina, arrizando las gavias. Por poco acertada que encontrara el segundo aquella medida, tuvo buen cuidado de callarse, ordenando y observando el incesante halar y arrizar con una actitud que si quería significar su desacuerdo al capitán no debió pasar inadvertida. Cuando después de cincuenta horas de fatigas amaneció un tercer día con cielo despejado, una mar tranquila y vientos moderados del SW, al tomar la altura y comprobar el escaso progreso realizado a costa de unos esfuerzos que bien podían haberse ahorrado arriando todo el paño, es posible que aquel orgulloso y pagado de sí mismo segundo se cuidara de poner de una u otra forma de manifiesto lo bien fundada que estaba su discrepancia. No era el capitán Basterra un carácter que supiera sobrellevar una censura que sin aflorar a los labios había denunciado un vicio en su manera de navegar; por lo mismo que no perdonaba, no olvidaba. Incómodo siempre en presencia de un hombre —un joven sin demasiada experiencia anterior, cuyo acierto se debía más a un golpe de suerte que a una visión acertada de la situación— cuya mirada bastaba para despertar en su seno muchas acusaciones y reproches, sin embargo, optó por mantenerlo a su lado —aun cuando nada le hubiera sido más fácil que solicitar de los armadores la dispensa de sus servicios o su traslado a otro barco— y no tanto para cuidar y acelerar su aprendizaje cuanto para utilizarlo para su propia disciplina, intransigente respecto a cualquier negligencia que supusiese un menoscabo en el bien cimentado edificio de su autoridad.

Por consiguiente, a su arribada a La Habana, tras dar cuenta del viaje a la Compañía, formalizó la inscripción de su segundo a su servicio y, no queriendo alargarse en explicaciones, señaló los párrafos escritos de su puño y letra que hacían hincapié sobre su irreprochable conducta, su capacidad para el mando y su eficacia en el puesto, no vacilando en afirmar que en poco tiempo sería merecedor de un puesto de primer oficial y, de mantener su progreso, en un par de años se le podría encomendar el mando de un barco. Su opinión en tales cuestiones era siempre tomada en consideración y nadie habría de oponer la menor reserva a una de sus particulares, no muy frecuentes ni gravosas, pero siempre inesperadas imposiciones que, sin pasar a la letra escrita, sus patrones sabían que era forzoso aceptar y respetar como garantía de su continuidad al servicio de la firma. Sus pronósticos se cumplieron; durante un par de años lo tuvo a su servicio a bordo del *Martina Calero,* tanto como segundo como primer oficial. Un día, tras una larga época de rutinaria actividad, Basterra —al echar el ancla en un puerto de California, con un cargamento de grano y reses y con propósito de poner a continuación proa a Vancouver donde cargar pieles y lumber—, recibió en la sede del agente de la Compañía instrucciones de Douaze & Dapena de confiar el mando del barco al capitán Evans —un americano que a tal efecto esperaba puntualmente en la oficina, con la cartera negra de los documentos credenciales bajo el brazo— y de pasar a Veracruz a la mayor brevedad posible, haciendo el viaje por tierra a través del istmo mejicano, para hacerse cargo de un nuevo servicio. Allí se despidió de Saint-Izaire, el hombre con el que había mantenido una relación distante y estricta y con el que en los próximos tres años apenas había de cruzarse en tres ocasiones en lugares muy distintos, en la oficina de la consignación o en un muelle desierto, bajo la lluvia de diciembre.

No había de volver a verle hasta el viaje del *Garray*. Pero estando previsto que el *Garray* viajaría a España al mando de Saint-Izaire y habiendo oído Basterra que el viaje además de realizarse sin pasaje, encubría una misión especial, con el pretexto de visitar su tierra y su familia que no había visto en diez años, solicitó el mando de aquel barco porque sabía de antemano que sus armadores accederían a ello.

III

(Menos que en cualquier otra, en esta ocasión no quiere Basterra dar impresión de impaciencia ni dejar que en el ánimo de sus armadores —o en el de Saint-Izaire— germine la sospecha. No cuenta más que con cinco días. Esa misma tarde compra un caballo y al día siguiente —muy de mañana, con una bolsa de provisiones y una gran cartera de documentos— parte bajo un fuerte aguacero en dirección a Pinar del Río. Pero en Marianao deja la calzada principal para tomar la del litoral y seguir hacia Mariel, donde pernocta esa primera noche, incapaz de hacer más camino a causa de la lluvia. Algo antes de la madrugada escampa y, sin despertar a nadie, dejando un dinero en lugar ostensible, abandona la casa para continuar su viaje por la calzada de la costa hasta un punto solitario que conoce de tiempo atrás. Allí toma un camino vecinal que tira hacia tierra adentro y a pesar de que es más de mediodía y ha comenzado de nuevo a llover, obligando al caballo a apretar el paso se interna por la Sierra del Rosario para llegar al collado de Zamacay bien entrada la noche. Tras reposar unas horas al abrigo de un aprisco, antes de que claree el día se pone de nuevo en camino de forma que hacia el atardecer cruza la carretera de Pinar del Río, más allá de Consolación, que abandona poco más tarde para —de nuevo por caminos vecinales— derivar hacia el sur y alcanzar su punto de destino, unos cuantos diseminados bohíos no lejos de un conjunto de edificaciones más recias que se distinguen más por sus sombras que por sus débiles luces en la primera noche despejada desde que ha salido de La Habana. Es una plantación extensa y rica, bastante poblada, denominada «La Calota», que incluye tres ingenios de azúcar y grano; separado por un bosque de centenarias ceibas un exiguo poblado formado por unos cuantos bohíos y alguna casa de fábrica, vive de su eventual comercio con la hacienda y, utilizado como alojamiento por el peonaje que desde Pinar del Río y Consolación acude allí en busca de trabajo, en la época de la zafra es utilizado como mercado de mano de obra. Pero siempre parece desierto, no se oye una voz, no se ve un alma y tan sólo de detrás de una cerca de vez en cuando el golpe de un martillo sobre unas tablas viene a recordar que aún alienta una actividad que no ha cejado en su lucha contra el hambre.

Empuja la puerta y llama con voz queda, pero no obtiene respuesta. La estancia se halla apenas iluminada por el resplandor del fogón donde aún se queman unas brasas que sin fuerza ni reserva de combustión exhalan un aliento azulado, del color del hielo, para preservar en su agonía su último calor. Se despoja del capote y lo cuelga de una alcayata, encima del fuego; luego repasa sin curiosidad los objetos y enseres de la habitación, examinando con una desdeñosa atención aquellos que no conoce. De nuevo vuelve a sonar en las cañas el repique del aguacero, unos golpes admonitorios y aislados como sobre la piel tirante de un tambor, seguidos de la furiosa y chillona barahúnda de una hueste que ha salido al unísono de su escondite para lanzar su denodado ataque que pronto ha de amainar, hasta degenerar en el prolongado susurro por su fracasado empeño. Sale de nuevo para dejar el caballo a resguardo y examinar la calle —en unos minutos convertida en una lengua de barro bajo la lluvia que fosforea en un torbellino de partículas paralelas incandescentes— y, sospechando una ausencia más prolongada de lo que ha supuesto, tras repasar con el dedo una perola con restos de un cocimiento de harina, se tumba en el banco cerca del fuego y pronto cae dormido.

Cuando despierta el fuego ha sido avivado, la mujer bate la harina puesta a cocer y la niña le observa desde detrás de sus sayas. No le saluda, no le pregunta cómo es que se encuentra allí, de dónde ha venido, qué le trae por la casa; le dice solamente que no tardará en darle algo de comer.

—¿Qué ha ocurrido? —pregunta él.

Pero no le contesta en un principio, atenta a la labor. Después de secarse las manos, primero en la bayeta y luego en el delantal, se encoge de hombros y dice:

—Tenía que ocurrir algún día.

A Basterra le basta:

—¿Cuándo ha sido?

—Ya va para un mes.
Basterra pregunta:
—¿Y el francés?
—Vete a saber —dice ella, atenta al cocimiento del arroz y la harina. Da un manotazo a la niña para que se aparte un poco de ella.
—¿Qué va a ocurrir ahora?
—Se los llevan a España. Allí los colgarán.

Lo dice sin darle importancia; nada en su talante tiene prioridad sobre su quehacer ante la cocina, arruinada y fortificada al mismo tiempo por su abyecta y triunfal degradación, el demoníaco poder de la carne cuarteada y las ropas harapientas, carentes ya de color, el veredicto de la noche y de la lluvia sobre el fugaz fulgor del fuego en su mirada.

—No se andarán con remilgos.

Sin mirarle retira el plato del fuego, vierte sobre la masa unos trozos de fruta y se lo acerca, más allá del fogón, colocando una cuchara a su lado.

A duras penas Basterra puede refrenar su hambre. No ha probado bocado en diez horas ni ha comido caliente en treinta; no puede hablar y aunque a toda costa trata de disimular su apetito, avergonzado de su actitud sólo replica con unos pocos gruñidos. Rebaña el plato hasta los bordes y bebe de un cazo un largo trago de agua. Entonces quiere enmendarse, con unas oscuras, casi ininteligibles palabras de ánimo, alusiones aderezadas de dudas a los sucesos que se avecinan, pero acaso siente que ha llegado tan tarde que su propósito nunca será cabalmente comprendido. Su desánimo y desconfianza han caído demasiado bajo para poder levantarlos en una sola noche, con unas palabras de consuelo, unas promesas que no obligan a nada y una cartera con todo el dinero que ha podido disponer. No pide nada y tal vez por eso Basterra se siente incómodo, muda pero tácitamente acusado del mal que no padece y no puede paliar; porque ya no puede desarrollar el coraje suficiente para tratar de ponerle un torpe remedio, maniatado por sus compromisos. Lamenta haber hecho el viaje, de manera tan imprudente y precipitada, y en pugna con sus vacilaciones abre la cartera para a seguido cerrarla de nuevo, sin extraer el sobre de papeles. En la soledad cree en sus razones, y en una capacidad de persuasión que siempre se demuestra inútil. Todo le inculpa y hasta los más ínfimos agravios se vuelven contra él porque siendo suya la primera falta y habiéndola aceptado, todas las demás se justifican por ella y quedan eximidas ante ella.

Ha acostado a la niña, en un camastro al fondo de una pequeña cámara en penumbra separada de la cocina por una raída cortina de algodón. Pero siente su mirada sobre él, inmóvil y carente de pensamiento, absorta en el silencio que más fielmente grabará para siempre el primer momento de su próxima y definitiva orfandad. Comprende que nunca representará nada para esa niña, inmolada en el altar de la soledad y transportada —palabras duras y terminantes, gestos de excéntrica severidad, la pétrea e implacable economía de la miseria, exponente de ese inconsciente juramento de fidelidad a la muerte— al limbo estañado por el odio para ser preservada de la corrosiva evolución de la carne. Se ve a sí mismo mucho más lejos, perseguido para siempre por las recriminaciones y para siempre incapaz de demostrar su (¿inocencia?) honradez. Y aquel intento de venir en ayuda suya se torna tanto más ridículo... porque incluso el mar se convierte en un juguete.

Las luces de la estancia se han extinguido; solamente en un cacharro de cobre subsiste un débil resplandor procedente de las brasas del hogar. No se ha despedido de él, pero sobre el banco ha extendido un cabezal y una manta, dando por supuesto su propósito de quedarse a dormir. Cuando por su respiración comprende que duerme se levanta con intención de abandonar el lugar y reemprender la vuelta; abre la cartera y deposita el sobre repleto de papeles en el lugar más ostensible de la cocina, pero antes de salir se detiene ante el camastro. Luego la llama por su nombre, con voz queda, y al tercer intento recibe su respuesta, una sola palabra débil y asordinada, pero no confusa, como si el último residuo de un ánimo exangüe fuera aquel único destello de una expósita, ultrajada y desarraigada supervivencia. Se sienta en el borde del lecho y palpa su cuerpo, sus rodillas. Luego a tientas busca su mano, en espera de aquella autónoma, involuntaria y perversa réplica de la carne no sometida al orden de la palabra. Pero no la obtiene; por el contrario, al apretar sus dedos toda la mano se contrae —la piel áspera y un poco húmeda, los huesos sin recubrimiento de carne— como un crustáceo que replegara sus articulaciones lenta y penosamente. Ensaya nuevas palabras de ánimo, con otro tono, y explica cómo obligado por sus compromisos a embarcarse en una semana estará de vuelta antes de cuatro meses. Cómo escribirá a sus amigos de España, personas influyentes. Espera sólo un gesto suyo para revelarle el destino de su viaje, pero solamente consigue mencionar el sobre que contiene el dinero, bastante para subsistir cuatro o cinco meses. Tiene que estar de vuelta para el próximo lunes, por lo que le es preciso ponerse temprano en camino para llegar por la mañana a Consolación. No replica nada ni mueve un músculo (el cuerpo refractario al movimiento que parece ahorrar sus energías para fijar su fosilizada huella en el lecho pétreo, más allá de la aurora de la nada; como si en silencio reconociera por

primera vez el fútil ultraje de sus apetitos a
la impávida y armónica rotación sin antecedentes ni devenir ni siquiera a lo largo de
una eclíptica sino al conjuro de moribundos
instantes que han de marcar la esférica negación de diurnas generaciones y aniquilaciones nocturnas; como si en silencio se reclamara a sí misma como primer heraldo de
una paz anterior al amor y violada por el
matrimonio, devuelta tras sus nupcias con la
podredumbre al extraterrenal concubinato
con el incestuoso y ascético afán de supervivencia y, tras la insólita y súbita rotación del
día alrededor de un camino enfangado, devuelta al ardiente y azoico arenal de una niñez desnuda y carente de imágenes, carente
de apetitos, glosada por la fábula oriental
del niño insomne depositario de todos los
destructivos secretos del firmamento), un simulacro de carne enrojecida y espatulada en
el latido anterior a su transformación en
mármol. No sabe levantarse, su propio brazo bajo el efecto magnético de la corriente
que le une a la tierra (y observa; observa el
mortuorio resplandor que exhala ese cuerpo
exánime y advierte el resultado nulo que

arroja la cuenta de sus días; no existe el movimiento; bajo el dosel de los inextingibles y tal vez pseudosonoros graznidos de las gaviotas, también el mar se contrae para sedimentar una losa de ágata donde por una venganza de las aguas queda impresionada su última travesía, sellada y rubricada por la imperturbable, empolvada, rosa y sibarítica mano del astro fijo) queda unido a él por el mismo voto de sacrificio que le insta a volver sobre sus pasos y romper todo compromiso. Ha callado, ni siquiera siente ya la necesidad de confirmar su vuelta porque ese cuerpo desvanecido en ondulaciones resulta invulnerable e indiferente a la palabra, en la sombría yuxtaposición de una colérica y esotérica paz a la quimérica disolución de sus anhelos. Ante él se abre de nuevo la superficie de la mar, colgada sin sustentación de un Destino que aprovecha un momento de silencio para enunciar su acertijo; las palabras son anteriores a su sentido y sólo mucho más tarde advertirá el reflejo de la bujía en las arrugas de las sábanas. Comprenderá también que su propio silencio le ha sido tan hostil como perjuro, que nunca le ha sido permitido expresar sus deseos. Y ahora sin necesidad de entornar los párpados vuelve a la superficie en calma de la mar, un paño de seda iridiscente, bajo un cielo sin promesas que ha trocado su desdén en precoz hostilidad; a la envolvente embriaguez de sus caricias con las que, en su irremisible y solitario destierro, le hará olvidar la mortal desesperanza de sus sueños de tierra y, en su tenebroso éxtasis, en su arriesgado juego, le redimirá por toda la duración del viaje de aquel ilusorio afán de paz ofrecido como decisivo y último premio a la conducta del justo. Le recibirá una vez más con la alegría juguetona de los primeros días serenos y radiantes, a pocas millas de una costa donde queda toda una vida de embuste, con los pies en tierra y la cabeza en las brumas, rodeado por todas partes de avisos amenazadores y noticias imperfectas, para recordarle que —con el aviso del naufragio— en su lecho encontrará aquella reconfortante seguridad derivada de su proximidad y su enfrentamiento con el único, constante y magnánimo Enemigo; ni un solo instante le dejará solo, como el anfitrión solícito que expulsado de la sociedad recibe en su lugar de destierro al amigo de entonces y durante su breve estancia le colma de cuidados y atenciones sin abrumarle a preguntas a pesar de que (pues considera que no es necesario hacerle comprender que soportará y perdurará en el exilio mientras la tierra permanezca dividida en dos bandos irreconciliables) nada espera con mayor ahínco que las noticias frescas de su patria. Se siente detenido y a la deriva, a la merced de minúsculas e imperceptibles corrientes que nunca revelarán el destino que le deparan, incapaz de gobernarse a sí mismo cuando carece de ese impulso al que obedecen los resortes del mando. Y dice para sus adentros: «No he terminado, no he terminado. No puedo dejarlo así.» Y dice también: «Es el orgullo». Se levanta y yergue la cabeza porque aún le resta —no lo cree, pero así lo espera— una última confianza en sus gestos... o en la póstuma y correcta interpretación de sus gustos y de su inconfesable holocausto. Piensa en el error del mártir; y bien, por muy justa que sea la causa es siempre menos sensible que la carne, y el más devoto sólo cree a medias.

Y dice para sí: «Las palabras en la cruz... jamás debió pronunciarlas».

Pero su cuerpo no se ha movido; ya no espera nada. Y piensa: «No apelaré a tu reconocimiento y a tu fe cuando todo se haya consumado. Sé de sobra que todo sigue su curso, nada se conmueve y el sacrificio sólo atañe al mártir. Sólo quiero librarme de mi culpa y sólo yo tengo derecho a saber a dónde llega. Por consiguiente, no quiero tu reconocimiento, que me privaría de la paz que adquiriré pagando. Estoy dispuesto a pagar y no quiero retribución. Sólo aprecio mi propia recompensa, y por eso considero preferible que sigas en la miseria, dormida y rodeada de miseria y convencida de que nadie volverá a acordarse de tu miseria.»

Recoge la cartera y el tabardo y entreabre la puerta de la cabaña. Entonces percibe cómo su cuerpo se rebulle en su lecho, no en busca de él, sino de la postura propia de su soledad (que ha ansiado mientras permanecía a su lado). Calcula que antes de una hora amanecerá y desarrienda el caballo que levanta la cabeza, insomne, sereno y carente de asombro, depositario de sus designios y compenetrado con las enseñanzas del justo.

Cuando llegó a La Habana el *Garray* se hallaba listo para zarpar. Los reos —que el Gobierno había decidido trasladar a la metrópoli por razones políticas que le fueron sumariamente explicadas—, custodiados por un piquete de soldados y acompañados por dos oficiales de prisiones, embarcaron en la noche del lunes, bajo la mirada vigilante del señor Chalfont, su segundo, y provistos de grilletes fueron alojados en un camaranchón de la bodega.

IV

Levantó el ancla una mañana despejada, pero excesivamente cálida para tales fechas, de finales de octubre. Con el aire saturado del pronóstico de posibles turbonadas y tormentas, el *Garray* en cuanto cruzó los bajos de Cayo Sal puso rumbo hacia el SE a fin de enfrentarse con las temidas borrascas lejos de los bancos de las Bahamas y de cruzar el archipiélago entre el Cayo de Santo Domingo y el paso de Mayaguana, con el favor de las corrientes. Al elegir tal derrota el capitán Basterra sabía que encontraría cierta oposición por parte de su primero, partidario de abandonar el golfo —incluso en aquellas fechas— por los estrechos de Florida que conocía a la perfección. Pero la decisión del capitán no estaba tomada tan sólo en aras de las condiciones de navegación, sino también en consideración a la seguridad de una misión que no quería ver alterada o entorpecida por un encuentro fortuito en unas rutas muy frecuentadas. Al menos era ése un pretexto que no podía ser puesto a discusión. Así se lo dijo a sus oficiales —en una reunión en la cámara, convocada la tarde del primer día, para darles cuenta de sus intenciones— con el propósito de excluir desde el primer momento cualquier clase de malentendido que pudiera dar lugar a ulteriores discrepancias y antagonismos de mayor alcance.

Durante los tres primeros días no se produjo otra novedad que el constante descenso del barómetro, cuya causa parecía residir mucho más allá de la raya del horizonte. Noche y día el cielo aparecía despejado y la mar en calma y sólo a la hora del ocaso, cuando el sol enjugaba su frente en un velo translúcido, como si tras su agotadora carrera del fondo del horizonte unas manos invisibles salieran a su encuentro para envolverle en la túnica balsámica, a punto de cobijarse en su morada nocturna, asomaba la turbamulta de impacientes y encrespadas nubes —salomónicos turbantes y azulinas guedejas y broncíneos cascos, hirsutas pieles de alimaña y un alto penacho gaseoso y rosado que erguido denuncia su jerarquía tras las primeras cabezas— para otear la llanura donde a la hora propicia habrían de llevar la devastación del temporal y transmutarse poco a poco en la sombra de un recio y continuo escarpe a todo lo largo del horizonte para augurar que en cualquier dirección habría un límite para la osadía, mientras las estrellas avivadas por un viento de altura, tras haber sido informadas del próximo acontecimiento, se aproximaban y cernían sobre los palos, ávidas de contemplar el combate anunciado.

Nada preocuparía tanto al capitán Basterra como el fuerte balanceo y las súbitas arribadas de sotavento y aquella tercera noche, en previsión de una borrasca mañanera, primer aviso del temporal, dio orden a la guardia de estribor de arrizar la jarcia fija. Pero la noche transcurrió en calma, tan sólo alterada por los quejumbrosos lamentos de la madera sometida a constantes guiñadas y cabeceos, aullando como el perro que percibe más allá de las serenas tinieblas los anómalos signos que le advierten de la proximidad de la amenaza. En la cuarta noche de travesía poca gente había de dormir tranquila en el castillo de popa del *Garray;* aquella tensa y susurrante calma, como si todos los elementos templaran sus cuerdas y afilaran sus cuchillas, estirando hasta su límite extremo los resortes de un equilibrio preparativo que sólo podía desembocar en su ruptura, no podía ser sino el preámbulo de una tempestad tan intensa como premiosa y cuyo mejor heraldo, la cifra del barómetro, a cada golpe de dedo en el cristal cubría en sentido descendente una división más de su esfera, como para ratificar con su lacónico y oracular vaticinio la sentencia que las alturas no estaban dispuestas a mitigar. Toda la noche había de persistir aquella proterva e inquietante tirantez, orlada de lejanos relámpagos, y no trasmitida tanto por el cielo —ocultas sus intenciones bajo su más augusta capa— cuanto por la insomne musculatura de las aguas bajo su aparente descanso en la impaciente espera de la orden que había de llegar de allende el horizonte.

Al amanecer del quinto día el viento arreció, trayendo los primeros síntomas de la marejada, pero en ningún momento su fuerza había de pasar de 4 en la escala Beaufort. Sin embargo, el barómetro de nuevo había descendido sensiblemente. Tras las siete campanadas el capitán se presentó en cubierta, comprobó el rumbo, ordenó arriar los juanetes y arrizar gavias y velachos, para volver a recluirse en su cámara tras requerir de su primero que le advirtiera del menor cambio de la situación. No demostraba el menor interés en permanecer en cubierta en aquellos momentos; no deseaba ver a nadie ni hacer partícipe a nadie de sus aprensiones; sólo quería preservar su aislamiento a fin de prepararse en silencio para el combate que, una vez más, había sido concertado con su terco y pugnaz enemigo a espaldas suyas, para la nueva prueba de que el Otro —sabedor que nunca podría sustraerse a ella— había venido preparando con la ventaja que le concedía su eternamente renovada juventud, espiando todos sus movimientos para elegir aquella circunstancia en que la suprema voluntad de vencer y engañar había dejado paso a un más sereno y sobrecogido apetito de tregua. Porque tal vez ya no tenían sentido ni el afán de triunfo ni el instinto de superación: y si no estaba vencido de antemano —en verdad la imperceptible arenga con que el Otro trataría de inflamar la fatigada hueste del océano sólo estaba destinada a sus sentidos, conocedor de todos los secretos mensajes cruzados en las alturas— no era tanto porque ya careciera de brío para llevar adelante su cometido cuanto porque en aquellos momentos lo necesitaba todo para defenderse de un inesperado agresor; la mirada que el reo, en el extremo de la escala había levantado hacia él en el momento de descender a la bodega. Pero demasiado bien comprendía que no estaba dispuesto a escuchar sus razones ni —porque conociéndole de antiguo sabía a qué atenerse respecto a sus estratagemas, porque a su alcance estaba la sospecha de que incluso las torvas y advenedizas ambiciones de los hombres podían obedecer al dictado de su eterna enemistad— aceptaría la tregua con la caballerosidad de quien tras muchos años de indeciso combate se hace eco de los compromisos del otro y la prioridad del recién llegado y, deseoso de enfrentarse de nuevo a solas con un rival en pleno uso de su poder, demora la ocasión.

A media mañana del quinto día comenzaron los primeros chubascos; la fuerza del viento subió a 7 y la aguja del barómetro se aproximaba a la temible división del 28.50, con tendencia a seguir descendiendo. Veinticuatro horas antes el *Garray* había dejado atrás el paso de Caicos y la punta oriental de Mayaguana, la última tierra que habría de ver por espacio de varias semanas —un mustio pedazo de corteza de limón—, para poner rumbo al noreste en la confianza de que pasada ya la época de los huracanes un rezagado retoño del estío apenas habría de causarle serias molestias en aquellas latitu-

posible de sus efectos, a fin de alejarse de las rutas más frecuentadas.

Coincidiendo con los primeros aguaceros el *Garray* empezó a manifestar un fuerte balanceo, iniciado siempre por la banda de estribor, para ir periódica y progresivamente venciéndose de proa, como un caballo que sufriera la cojera —más acusada en cada paso— de su mano izquierda. A la media tarde la lluvia golpeó con su más poderosa maza; ese esperado y diferido chaparrón iniciado en un instantáneo acorde de minúsculos tambores para convertirse, tras el chisporroteo de infinitos botones argentíferos, en la violenta y turbia emulsión de agua y viento, tan íntima e inseparablemente unidos como para constituir un quinto elemento de la misma híbrida, vindicativa y transitiva naturaleza del fuego, embriagado de su recién estrenado y desdeñoso poder y decidido a hacer olvidar para siempre la fugacidad de sus pasados arrebatos. En pocos minutos nada quedaría en el *Garray* a resguardo del agua que antes de que caiga o corra parece ascender liberada de su peso para aplastar a su enemigo —la madera metali-

des, por mucha que fuera el ansia del temporal de superar los estragos de sus aventajados hermanos. Y de repente en veinticuatro horas la depresión que el capitán Basterra y sus oficiales habían esperado dejar a popa —consumiéndose a sí misma en el holocausto de sus efímeras energías, entre resplandores, turbonadas y aguaceros— fue avanzando y cerrándose a sotavento y cubriendo el horizonte con la inconfundible librea del huracán: mientras que a barlovento el mar se fundía con el cielo, en un torbellino de gasa sobre las puntas de sus bruñidos aceros, y la barra era sometida a la constante presión de una fuerte corriente de través; mientras el viento silba ya en todas las jarcias —todo el aparejo convertido en un coro de voces desafinadas— y los palos, incapaces de sacudirse la tensión que les ha sorprendido, zumban en un aire saturado de un aroma de resina y sacuden el misterioso e iracundo polen de la tormenta, del lomo del océano brota en el arranque de su carrera esa nube de polvo que ha acumulado durante los días de calma, y la madera gime bajo el oculto apretón de las mordazas que sólo en su cresta muestran el filo y temple del metal.

Cuando el señor Chalfont, a la vista del empeoramiento de las condiciones climatológicas y la inminencia del huracán, insinuó la conveniencia de cambiar el rumbo, poniendo proa al sureste a fin de enfilar la tormenta por la cuarta de estribor (puesto que cualquiera de las otras alternativas o bien obligaban a deshacer el camino andado —un camino poco seguro en días de mar gruesa y con aquella visibilidad, a causa de los muchos bajos y rompientes— o bien exigía poner proa hacia las costas de Florida donde de seguro se enfrentarían con toda la fuerza del huracán, siempre más intenso en sus extremos occidentales), Basterra no tuvo más remedio que asentir, sin pronunciar una palabra, consciente de que todas las razones del segundo estaban tan bien fundadas que sólo con muchas dificultades podría encontrar otras del mismo peso, ateniéndose a la seguridad del *Garray,* a pesar de que —al parecer— nada contravenía más a sus planes que aquel rumbo que en virtud de la fuerte corriente de dirección sur y por breve que fuera la duración de la galerna, terminaría por desplazar su posición de tal manera que ya no le sería posible alcanzar el punto de destino previsto al zarpar de La Habana. Era la mirada del reo (y más allá de sus hombros la de sus compañeros) al descender a la bodega la que podía haber trazado aquella singular derrota entre La Habana y Cádiz y que el capitán habría podido justificar en razón a la especial misión que le había sido encomendada, sin más que ocultar lo que en buena medida le había sido ocultado a él. Es posible que ante aquella tormenta y ante la sugerencia del señor Chalfont cambiara de planes e improvisara una solución mucho más viable y razonable que aquella otra, elaborada a la vuelta de su breve viaje a Poniente, gracias al hecho de que contaba ya con una justificación capaz de despejar cualesquiera suspicacias que despertara su derrota, por lo que cabe suponer que, sin ninguna clase de reservas sobre la resistencia y habilidad de su tripulación y de la fortaleza del *Garray,* no sólo en su fuero interno celebró la llegada de la tormenta sino que se decidió a sacar todo el provech

zada—, sus líneas apenas se distinguen, la proa de tanto en tanto se levanta entre surtidores y melenas de espuma bajo el golpe de la roda, caído de bruces y dueño tan sólo del movimiento de la cabeza para sacudirse el peso de su colosal adversario, como si ya sólo contase —las tres lanzas clavadas en su lomo— con el casi espiritual afán de supervivencia carente de materia hipostasiada en el ciego, tenso y desesperado estallido de todo su furor, de su más justa y enojada réplica al ultraje a su austera y virtuosa entidad, para desembarazarse del concupiscente abrazo de la nada— antes que su hermana la lluvia.

El señor Chalfont había dado orden de recoger todo el paño, dirigiendo personalmente la maniobra y designando a Mosámedes y otro corpulento mulato para que aferraran el foque. El hombre que todas las tardes, a la caída del sol, se retiraba tras el molinete para entonar las alabanzas a su Señor, se encaramó sobre el bauprés para cobrar las drizas y recoger el botalón; detrás de él saltó el mulato. Cuando extendió su brazo para retener el cabo que le largara Mosámedes, el

Garray sufrió una violenta guiñada y picó de proa y cuando emergió el mulato había desaparecido, como si mediante un golpe de inspiración el mar se hubiera decidido a borrar la imperfecta y superflua imagen del acólito para conformarse con la de quien arrodillado sobre el palo extendía aún su diestra hacia su barco, en la ofrenda de aquella voluntad que en su sacrificio no retrocedía ante el poder que su fe denostara; porque así como ninguna mano trataría de detenerle en su descenso, aquella otra señalaría el único pensamiento (la línea tensa del único deber) que podía mantenerlos unidos. Quizá ya se dirigía hacia Basterra; sujeto al cabillero del palo mayor, ausente, con la mirada puesta en cualquier punto del combés, no parecía prestar demasiada atención a la maniobra en su mayestática y casi indolente vigilancia, más cerca de las nubes que de la cubierta y separado del resto de los mortales no por la jerarquía ni la experiencia ni la fortaleza sino acaso por esa delicada galvanización del espíritu que ha optado por inmovilizarse, lejos de todo temor y traspuesta su carne a la misma sustancia de la aniquilación, absorto en la contemplación de aquel sublime y depravado poder que sólo mostraría toda su magnificencia a condición de encararse con él a solas. Tan sólo giró la cabeza para seguir el remolino, no porque hubiera oído el grito, sino porque lo había adivinado y cuando otros dos miembros de la tripulación lograron aferrar el bauprés comprendió, ante aquel cuerpo inmóvil y crucificado en las jarcias, la clase de destino que había elegido. Tres veces trató de desembarazarse de sus ligaduras y sólo a la cuarta lo consiguió; tres veces trató de ganar la cubierta, sujetándose con la diestra al obenque de bolina y pasando la pierna por debajo del palo, y otras tantas tuvo que volver atrás ante las embestidas de un oleaje que, descuidando otras presas, había decidido concentrar todos sus esfuerzos para cobrarse aquélla. Entonces el capitán movió la cabeza y le señaló también con su mano derecha: una mancha inmóvil y parda sobre la franela verdosa del cielo, como el informe borrón de un nido sobre la invernal y desvanecida arborescencia de las jarcias, única réplica de aquel gesto que desde cubierta

—tendiendo la mano hacia el sur— señalaba un único destino y se identificaba con un solo símbolo, más apto para el bronce que para la carne.

Todo venía a indicar que el *Garray,* bajo los efectos de una fuerte corriente de través, derivaba rápidamente hacia el sureste, alejándose del centro de un huracán que el capitán y Saint-Izaire, atentos a la brújula y la grímpola, con los escasos datos de que disponían habían situado a bastantes millas a barlovento, por la cuarta de estribor. Pero conocedores ambos de los temporales que, por otra parte, raramente acaecían con tal intensidad en aquellas latitudes y en aquella época del año, su mayor preocupación había de cifrarse en el cambio de rumbo y de dirección del viento que impondría al cabo de diez horas la rotación dextrógira del huracán. En tales circunstancias, su mayor aprensión la provocaba una posible intensa deriva hacia el suroeste, con fuertes vientos de popa, en la dirección de los bajos de las Indias Occidentales y convergiendo hacia el centro de un tifón que, con toda probabilidad, en su carrera hacia el noroeste corría a una velocidad veinte veces superior a la del *Garray;* de suerte que —el compás lo ponía en evidencia— de acontecer en las próximas horas un sensible cambio de rumbo de la deriva, el *Garray* podía encontrarse si no en el mismo centro del ciclón —ese lugar de calma, al decir de algunos navegantes y geógrafos, defendido por su propio vacío y rodeado del furor del vórtice— sí en el periférico cinturón donde la fuerza del viento alcanza su mayor intensidad. Así pues, se dispuso —con la alerta de ambas guardias— que en cuanto remitiese la lluvia, lo cual tenía que ocurrir para dejar paso al huracán descendente, se aprovecharía el lapso de vientos de superficie, que en ocasiones llega a durar turnos enteros, para largar parte del paño y navegar de bolina en oposición a la dirección centrípeta de la corriente y a fin de alejarse en lo posible de la temida succión.

En efecto, antes de la caída del sol del sexto día había de amainar la lluvia; pero la marejada dejaba sentir ya el efecto de la duración de la galerna a lo largo de la carrera atlántica desde las costas orientales del seno mejicano; al día siguiente el barómetro señalaba 27.81 —un límite que pocas veces había alcanzado, tal vez nunca— y el viento, durante las horas de luz en que llovió con fuerza e intensidad, no pasó de 8 ó 9 en la escala —temporal fuerte— con una mar encrespada y rota, olas de altura media que sistemáticamente barrían la cubierta, con esporádicos surtidores y crestas de espuma. Pero ya antes del ocaso la visibilidad había de quedar muy reducida, no siendo posible hablar de cara a un viento que silbaba en los obenques en un continuo crescendo, sin una nota de fatiga, hasta alcanzar el inverosímil y metalizado chisporroteo del aire en mil partículas incandescentes; el rugido de la mar, los continuos rociones de espuma no tanto en crestas cuanto en ininterrumpidas avalanchas que parecían querer adelantar a la ola en el límite de su carrera, para descargar su golpe desde su más elevada posición, eran indicios suficientes de que, antes de lo previsto y sin que mediara transición con el temporal duro del crepúsculo, el *Garray* se hallaba envuelto por un huracán cuya intensidad trascendía todos los límites de las escalas y la memoria de sus hombres más curtidos y experimentados. Y de repente todo se hizo uno; una mar olivácea y densa, surgida de un abismo sin luz y determinada a borrar para siempre la estampida de un océano soleado, vendría a fundirse en su ímpetu con un viento anhelante de unirse a ella violando su quimérica y halciónica frontera, conjurados todos los elementos para dar por terminada la intolerable tregua y desobedecer aquella orden que los separara, restableciendo el caos original con un primer torbellino de exasperada espuma que el iracundo anciano desatará sobre el *Garray* para disolver su obra y asimilarla a sus tinieblas. Tres veces estuvo a punto de desaparecer y otras tantas emergerá de proa, absurdo y estupefacto gesto carente de toda decisión, de toda voluntad y de todo apetito, en la abúlica y no altanera y sorprendida disposición de espíritu del cuerpo que en el destello delator no observa su fin, sino el vaticinio de muerte. Ha entrado ya en los dominios del sueño, sin memoria ni causa ni siquiera —cada golpe de mar surge y crece por sí mismo (porque en el caos todo es independiente y nada se perfila) para tomar posesión de un objeto sin valor, codiciado por capricho y afán de saqueo, que acepta la invasión de la nada antes que las manos suelten su último asidero— sorpresas. El hombre no se reconoce a sí mismo cuando, tras tres seguidos golpes por la banda de babor, con una fuerte y casi permanente inclinación, se inician las roturas con los chasquidos de la jarcia fija; al segundo rindió el palo mesana, y fue preciso rizar sus velas y desguarnir las perchas que se desplomaron sobre el puente; al tercero quedaron segados los masteleros de popa, arrastrando consigo la cangreja, que cayó extendida sobre la borda. Entonces varios hombres —anticipándose al fin del *Garray*— quisieron arriar los botes y se perdieron. Los más prefirieron hundirse con el *Garray*.

V

Casi dos semanas habían transcurrido desde su salida de La Habana cuando el capitán —por primera vez después del huracán— pudo tomar la altura y situar la posición del *Garray* a unos 8° de latitud Sur y a unas 500 millas al oeste de Fernando Noroña, en el extremo septentrional de la cuenca brasileña donde la corriente central atlántica se divide en dos ramas que corren en direcciones opuestas: la meridional, separándose del tronco común en la zona donde el *Garray* quedó a la deriva y con dirección SSW alcanza el litoral del Brasil a la altura del paralelo 20 para bordear y caldear sus costas hasta su encuentro y disipación, a la altura de El Plata, con las corrientes frías que proceden del estrecho.

A la vista de las condiciones y circunstancias en que había quedado el *Garray,* tras superar el azote del huracán, Basterra decidió poner proa al Brasil, a cualquier punto de la costa que le ofreciera posibilidades de avituallamiento y reparación, medida que tan funestas consecuencias había de tener, pero que en aquel entonces (e incluso para el Tribunal de Cádiz) fue acogida como la más prudente de cuantas podían tomarse.

El *Garray,* desmantelado de dos palos, tan sólo con la posibilidad de izar el paño sobre el trinquete, apenas podía desarrollar más de tres nudos con vientos favorables por lo que, teniendo en cuenta su posición y con muchas probabilidades de enfrentarse con vientos de proa, esto es, sin recursos para superar la fuerza de la corriente del litoral, resultaba más que temerario intentar de nuevo la travesía del océano poniendo proa a las Azores. (Las circunstancias en que involuntariamente había desembocado combinaban tal vez la situación más propicia para llevar a cabo un plan —muy distinto del primitivo— basado en la posibilidad de hacer escala en un punto no sometido a la autoridad real y, acaso, lo bastante apartado como para estar exento de toda clase de autoridad deseosa de entrar en detalles sobre ciertos aspectos secretos del viaje del *Garray*. Se adaptara o no a sus proyectos lo cierto es que Basterra, en la pobre situación en que había quedado, no tendría la menor dificultad en justificar el cambio de derrota, poniendo proa al Brasil bien para alcanzar sus costas bien para introducirse en la ruta habitual entre Natal y el golfo de Guinea, lo bastante frecuentada como para encontrar en alta mar ayuda para las más elementales reparaciones y poder proseguir su curso con garantías de seguridad.) Tal era también, según quedó cuidadosamente consignado por el propio Basterra en el diario, la opinión de Saint-Izaire, obstinadamente empeñado en que —en caso de poder adquirir en alta mar un par de perchas— no tendrían mayores dificultades para enjarciar y halar la mayor y la gavia, largando así paño suficiente para poder dirigirse al lugar de su mejor conveniencia, que no dudó en aceptar la nueva derrota, encargándose él mismo del control de la barra a la vista del estado de la tripulación. Porque, por otra parte, también habían de pesar en el ánimo de Basterra —a la hora de tomar su decisión— otras circunstancias que venían a sumarse al mal estado de su barco: había perdido cuatro hombres y un bote; un quinto permanecía inconsciente en su litera, tras haber recibido un fuerte golpe en la espalda y en la nuca y, por último, el señor Chalfont había sido rebajado de servicio, atacado por fiebres muy altas y una tan intensa descomposición que hacía presumir que el huracán, antes de retirarse, había apelado al azote de la disentería para consumar su fracasada destrucción. Se habían perdido gran parte de las provisiones, toda la galleta, la carne en salazón y las patatas se habían echado a perder y en cuanto al ganado sólo un pequeño cerdo —que se encontró hozando entre los destrozos de la bodega— había quedado milagrosamente vivo e ileso. El informe del sobrecargo, tras un sumario inventario, era contundente; era preciso proceder al racionamiento del agua y no podía garantizar una mediana alimentación para más de diez días. Así pues, no pudiendo tampoco disponer más que de nueve hombres (contando con el cocinero y un carpintero abrumado por las reparaciones más forzosas) el capitán, contraviniendo las órdenes recibidas y consignándolo así en el diario, ordenó que bajo su responsabilidad se liberase a los cuatro reos durante los turnos de día, a fin de contar con dos guardias de seis hombres cada una que en buena proporción se necesitaban para mantener las bombas en funcionamiento. Empero la primera sensación de alivio tras la disipación del huracán pronto había de verse oscurecida por las perspectivas de una travesía cuyas dificultades aumentaban con cada guardia; no compartía Basterra —con independencia de los proyectos que abrigara en secreto— la severa confianza de Saint-Izaire, siempre seguro de sí mismo y en exceso inclinado a ver detrás de cada vacilación la pusilanimidad o la incompetencia de un cargo que —a su entender— no podía ser propiamente ejecutado por quien se doblegara ante las dificultades. Se diría que la prueba por la que venía de pasar sólo había servido para incrementar su arrogancia y para afirmarse en un mando que gustaba ejercer como si tan sólo tuviera que dar cuenta de él a su propio orgullo.

No parece que Basterra tuviera la menor intervención en el incidente de rutina que había de poner aún más de manifiesto su abierta hostilidad hacia Saint-Izaire. Pero la tripulación tampoco podía permanecer indiferente a la conducta de ambos, a sus respectivos recelos, a la manifiesta frialdad que uno reservaba para el otro en las pocas ocasiones —que ambos procuraron reducir a las más imprescindibles— en que tenían que comunicarse. Defendido por una jerarquía incuestionable y por la segura confianza de que el recto juicio se encuentra allá donde termina la ambición, asomaría al puente de vez en cuando sólo para —tras una somera inspección de la cubierta— clavar su mirada inescrutable, sin una emoción, sin el menor signo delator, sobre la figura siempre erguida del primero ante el portalón: acechante, con las manos a la espalda y un permanente rictus de desagrado, inquieto por la idea de que algo le había sido ocultado al salir de La Habana, de cada rincón y de cada movimiento esperaba siempre levantar una sospecha. Siguiendo la costumbre el capitán podía haber tomado bajo su mando la guardia de babor, pero una vez más prefirió que sus hombres eligieran al segundo mientras durase la enfermedad del señor Chalfont; y aun cuando en el ánimo de la tripulación estaba que aquel puesto debía recaer sobre Mosámedes, Saint-Izaire —sin abandonar el portalón ni desenlazar las manos— indicó para ocuparlo a Macoy, un criollo corpulento que le obedecía como un perro. «Está bien», repuso el capitán, reteniendo la respiración; le miró fijamente para darle a entender que lo aceptaba y no se congratulaba de ello y dijo de nuevo «Está bien; que sea Macoy» al retirarse hacia su cámara.

Posteriormente se argüirá que no hubo otro responsable de los sucesos que siguieron que el propio capitán, recluido en un silencio que sin duda dio lugar a las más variadas interpretaciones. Porque de haber sido más explícito —tanto con sus subordinados como con el oficial del gobierno e incluso con aquel reo al que parecía estar unido por una extraña y secreta connivencia— es muy posible que el destino de todos los hombres que se hallaban a sus órdenes hubiera sido otro. Se dirá también que quien para sí mismo ha elegido el camino más difícil, con la renuncia de sus intereses más caros y probablemente de su propia vida, bien podía permitirse la licencia de pensar que aquellos que se hallaban bajo su custodia sabrían encontrar su salvaguardia con independencia de él. El hecho de que al salir de La Habana se cuidara de destruir sus papeles y liquidar sus pocos bienes —encomendado el envío a su hija en la península de una pequeña dote que no se sabe si correspondía a la totalidad de sus ahorros— fue interpretado como prueba de que con el mando del *Garray* había tomado también una decisión que había de influir decisivamente en sus intrucciones desde el puente y en su conducta en las vísperas de la tragedia.

Comoquiera que fuese, a partir del momento en que el llamado Macoy tomó a su cargo la guardia de estribor, su talante se fue haciendo más taciturno y desabrido. Parece que la muerte de Chalfont —un hombre de su mejor aprecio, que había navegado con él durante años— influyó también en ello; ocupaba la cámara contigua y recibiendo directamente sus cuidados, fue encontrado muerto, caído de bruces sobre el suelo, la cara adherida al entarimado mediante un líquido negro y pegajoso que había exonerado su boca. Desde entonces apenas aparecía en cubierta y su aspecto denotaba que estaba pasando por una intensa prueba: la cara demacrada y cerúlea, los ojos agrandados y los cabellos hirsutos, un cuello de tortuga, delgado y surcado de profundos pliegues, sostenía una cabeza que en pocos días se había reducido, alteradas todas sus facciones por un síndrome que se había apoderado de toda su persona, un intenso aroma a ropas sucias y polvos medicinales, vinieron a demostrar lo mucho que se había depauperado y envejecido en un par de semanas. Lo más probable es que gravemente enfermo, con fiebres altas y atacado por la disentería, se cuidó de disimularlo administrándose él mismo (pues en su cámara se guardaba el botiquín y no delegaba en nadie la distribución de curas y medicamentos) fuertes dosis de quinina. Lo cual en aquellos días estaba lejos de ser una excepción a bordo del *Garray* cuya tripulación a causa de las privaciones y el trabajo continuo se encontraba, tras una semana de calmas chichas y temperaturas de horno, en un estado lamentable. Los días eran largos y la mar un desierto; el *Garray* no se movía, como si a causa del calor en lugar de flotar hubiera quedado aprisionado como una mosca en una masa de ámbar, bajo un cielo estañado, carente de color y de sonidos, todo él ocupado por un sol ubicuo dispuesto a terminar de una vez con la herejía de su planeta; y los débiles e indolentes chapoteos del atardecer, acompañados de las tímidas sacudidas de los foques, sólo servirían para despertar, con amargos y prolongados quejidos, con el crepitar de las amuras mientras el mar de aceite hierve a sus costados, en la noche paciente metrada por el latido de las bombas, al animal malherido de un sueño de muerte, reducida su conciencia a vislumbrar su agonía.

Soportando aquella calma surgió el incidente que indujo al capitán, en un arrebato de cólera y completamente ofuscado, a rebajar de servicio a Saint-Izaire, por incumplimiento de sus órdenes. Antes había aparecido sobre el puente —vacilante, sujetándose con ambas manos al pasamanos— atraído por las voces de Saint-Izaire; era la segunda vez que amenazaba a un hombre con darle de vergajos. En verdad en aquellos días de calma todo el mantenimiento del barco había corrido a su cargo, el único que parecía resistir los azotes de la disentería, el hambre y la sed sin rendirse al sueño. La primera amenaza, brutal y desmedida, había sido dirigida a un marinero enfermo que tirado en el combés apenas había levantado la cabeza para replicar con una maldición a una orden. Y cuando le arrebató la camisa, entre ambos se interpuso Mosámedes para recibir toda la avalancha de su furia, cerrado a sus espaldas por Macoy que ya levantaba la cabilla cuando el golpe fue detenido por las voces del capitán.

De allí a dos días se levantó, en las primeras horas de la noche, una de esas brisas llamadas irlandesas por la gente de mar, acompañada del estimulante chasquido de los rimeros de proa contra las incipientes olas. Era un viento de proa, por la cuarta de babor, que en minutos hizo dar dos vueltas completas al *Garray* cuando ya nadie estaba atento a la barra. Un Saint-Izaire con muestras de evidente cansancio, sucio y con una barba de varios días inconcebible en un hombre que en las más ajetreadas circunstancias se afeitaba y perfumaba con esmero, fue el primero en advertir el cambio y despertando con el vergajo a los pocos hombres útiles ordenó la maniobra, largando más paño y poniendo proa al noroeste para aprovechar todo el viento. Era una maniobra correcta y bien concebida, que indicaba un claro conocimiento de la naturaleza de esos vientos nocturnos, fugaces como cometas, que aparecen de la misma manera que desaparecen y si se sabe seguirlos, pueden conducir al barco hacia una zona de constantes. Pero Basterra —al que (tal vez por respeto a su descanso) no se le había comunicado la maniobra y hubo de enterarse de ella varias horas después caminando por su propio pie hasta la mesa de la rueda— no sólo la desautorizó y enmendó —ordenando su rumbo SSW, para ceñir de bolina el viento— sino que —probablemente obsesionado por la escena de días atrás, que seguía fija en su mente tras unas noches de delirio semiconsciente— ordenó a Saint-Izaire que se retirara a su cabina hasta nueva orden, quedando rebajado de servicio. Y tal vez era eso lo que había esperado un Saint-Izaire que desde tiempo atrás, confiando en las imprudencias de un capitán carente de vigor físico y mental, había preparado su plan para que en cualquier momento mordiera uno u otro anzuelo. No se sabe a partir de entonces y hasta el momento en que irrumpe de nuevo en la cabina de Basterra para retirarle el mando, cuál es la conducta de Saint-Izaire a bordo del *Garray* y rebajado de servicio. Se ignora cuáles son sus complicidades, por qué clase de acción opta para recuperar el mando, a qué y a quiénes apela. Y aun cuando la desafortunada intervención del capitán simplificara mucho sus planes, eximiéndole de la necesidad de tenderle una trampa y suministrándole causa bastante para llevar adelante su acción, con arreglo a las ordenanzas y sin más justificantes que la impericia de aquél, es probable —pero no demostrable— que la impaciencia le indujera a hacer uso de una coacción o de una violencia que —por no se sabe qué misterio— no pasaría al cuaderno de bordo una vez que el capitán pudo transcribirla. ¿O ya no tenía tiempo tras el crimen? ¿O es que en el momento de estampar su firma en el cuaderno estaba la puerta de su cabina custodiada por el reo, con un arma en la mano?

Navegar de bolina con aquel viento era una locura que ningún rumbo podía justificar. Más de quince horas de una brisa que aprovechada de popa hubiera resultado inestimable para abandonar la zona de calmas, malgastaría el *Garray* en guiñadas y orzadas inútiles para volver casi al mismo punto que pretendió abandonar; y cuando a media tarde del día siguiente —el día vigésimo tercero desde que zarpó de La Habana— cayó de nuevo el viento, poco o ningún esfuerzo había de desarrollar Macoy para convencer a los escasos hombres que se hallaban despiertos —despiertos y exhaustos, los cuerpos extendidos sobre cubierta, las bocas abiertas— para recabar su apoyo en la acción que había decidido emprender. En su consecuencia, a primera hora de la noche el señor Macoy acompañado de cuatro miembros de la tripulación se personó en la cabina del capitán para comunicarle que, con arreglo a lo prescrito para tales casos, por decisión unánime quedaba confinado en su cámara y relevado del mando del barco —que sería encomendado al señor Saint-Izaire, en tanto pudieran comunicar el cambio a los armadores y recibir de ellos instrucciones al respecto—, a causa de su manifiesta incapacidad física y mental para ejecutarlo con propiedad, debiendo transcribirse tal decisión al cuaderno de bordo, con la firma de los allí presentes. Parece ser que a duras penas se incorporó Basterra de su lecho para estampar su firma, un garabato tembloroso y torcido, probablemente escrito con la mirada puesta en otra parte (posiblemente en la persona que custodiaba la entrada), para volver a acostarse con un prolongado suspiro, como aliviado por una decisión que había llegado algo tarde.

Un par de días después el *Garray* navegando con lentitud proa a las costas de Bahía, fue avistado por el *Lothian,* un cutter de la matrícula de Leith a las órdenes del capitán Eccles. El *Garray* llevaba izada en el trinquete la señal de auxilio médico y el capitán Eccles, a la vista de ello y del mal estado de su arboladura, no vaciló en cambiar su rumbo y aproximarse al maltrecho *Garray* al tiempo que largaba un bote para prestar la solicitada ayuda. El capitán Eccles —un hombre bastante joven y de aspecto saludable y risueño, que posteriormente prestaría su declaración al juicio de Cádiz a través del consulado español de Glasgow—

al conocer por el semáforo la situación a bordo del *Garray* se trasladó a éste y tras recibir de Saint-Izaire cuenta —precisa y contundente— de todo lo ocurrido solicitó mantener una entrevista con el capitán Basterra, que le fue concedida en tanto tenía lugar el transporte de agua, medicamentos, víveres frescos y unos cuantos materiales indispensables. No parece que el capitán Eccles sacara una impresión muy favorable acerca del estado de Basterra; de acuerdo con su declaración Basterra sufría una ligera fiebre y su pulso se hallaba alterado, pero no tanto como su cabeza. Parece ser que le habló de su sangre, de su hijo y de una tierra maldita. De la vuelta al mar, de los pecados de juventud. Si bien el capitán escocés, una vez concluida la entrevista, se ofreció para trasladar a su barco los enfermos de mayor cuidado —incluyendo a Basterra y advirtiendo que él mismo, como médico de a bordo, no ganaría en tierra un desayuno al año, y que ante sí tenía una travesía de tres semanas mientras con toda probabilidad el *Garray* podría fondear en menos de una—, las seguridades y la confianza que le mereciera la actitud de Saint-Izaire le indujeron a volver al *Lothian,* una vez satisfechas todas las demandas, en la convicción de que dejaba el barco en buenas manos y en buen orden, dentro de una situación comprometida.

A partir del momento en que el *Garray* pierde de vista al *Lothian* la tragedia se precipita, las intenciones de unos y otros adquieren su forma más violenta y, a la vez, más ambigua. De la misma manera que en el ánimo de Saint-Izaire ya no quedaba lugar para nuevos conflictos —los vientos llaneros y calientes soplando en dirección a la costa—, tampoco podía presumir que en el espíritu del consumido capitán alentase un tal apetito de venganza. La defensa dirá más tarde que ésa es la mejor prueba de una locura lo bastante enérgica como para recluirle definitivamente. No podía imaginar que Basterra —escondiendo sus fuerzas bajo sus sábanas, simulando una completa consunción y procurándose alimentos por las mismas vías que le proporcionarían armas— a medida que el *Garray* se aproximaba a las costas del Brasil recuperaba en secreto sus últimas fuerzas para descargar su último golpe en el momento más oportuno.

Lo eligió a la perfección, a las seis de la madrugada, cuando desde el *Garray* ya se vislumbraban las mortecinas sombras del cabo São Tomé y el relevo de la semiguardia reclamaba la presencia del segundo en cubierta. Gateando hasta la mesa de la rueda ordenó al timonel un cambio total de rumbo —casi toda la barra a babor—, sin necesidad de levantar la mano que empuñaba el arma, cobijándose tras el castillo de popa a la espera de quien incluso dormido advertiría aquel movimiento. En efecto, parece ser que no fue Macoy, sino Saint-Izaire quien lo adivinó en un momento y dio una voz antes de abalanzarse sobre él y caer al suelo, con dos balas disparadas a bocajarro que le atravesaron el pecho. A continuación disparó, con dos pistolas, sobre Macoy y otro tripulante, hiriendo a ambos de muerte, antes de desplomarse al suelo bajo el golpe con que el reo le abatió. Y por cuya suerte fue lo primero que preguntó a los pescadores brasileños que, tras extraerlo junto con el cadáver de Mosámedes de los restos del *Garray* y después de suministrarle los más urgentes cuidados, lograron reavivarlo con aromas y vahos.

Sub rosa está incluido en el volumen primero de los *Cuentos completos* de Juan Benet, publicados en «El Libro de Bolsillo» de Alianza Editorial (LB 649 y 650).

∽

Obras de Juan Benet en Alianza Editorial:

Cuentos completos (LB 649, 650)
Un viaje de invierno (LB 1392)
Otoño en Madrid hacia 1950 (AT 200)

Últimos títulos de la colección:

17. Federico García Lorca: *Yerma*
18. Juan Rulfo: *Relatos*
19. Edgar A. Poe: *Los crímenes de la calle Morgue*
20. Julio Caro Baroja: *El Señor Inquisidor*
21. Camilo José Cela: *Café de Artistas*
22. Pablo Neruda: *Veinte poemas de amor y una canción desesperada*
23. Stendhal: *Ernestina o el nacimiento del amor*
24. Fernand Braudel: *Bebidas y excitantes*
25. Miguel de Cervantes: *Rinconete y Cortadillo*
26. Carlos Fuentes: *Aura*
27. James Joyce: *Los muertos*
28. Fernando García de Cortázar: *Historia de España*
29. Ramón del Valle-Inclán: *Sonata de primavera*
30. Octavio Paz: *Arenas movedizas. La hija de Rappaccini*
31. Guy de Maupassant: *El Horla*
32. Gerald Durrell: *Animales en general*
33. Mercè Rodoreda: *Mi Cristina. El mar*
34. Adolfo Bioy Casares: *Máscaras venecianas. La sierva ajena*
35. Cornell Woolrich: *La marea roja*
36. Amin Maalouf: *La invasión*
37. Juan García Hortelano: *Riánsares y el fascista. La capital del mundo*
38. Alfredo Bryce Echenique: *Muerte de Sevilla en Madrid*
39. Hans Christian Andersen: *Cuentos*
40. Antonio Escohotado: *Las drogas*
41. Juan Benet: *Sub rosa*
42. Mario Benedetti: *La vecina orilla*
43. Jean-Paul Sartre: *La infancia de un jefe*
44. Uwe Schultz: *La fiesta*
45. Gustavo Adolfo Bécquer: *Maese Pérez el organista. La corza blanca*
46. Horacio Quiroga: *Anaconda*
47. Patricia Highsmith: *Siete cuentos misóginos*
48. Carson I. A. Ritchie: *La búsqueda de las especias*